MULHERES DE FÉ
SEGUINDO O CORAÇÃO DE DEUS E REFLETINDO O ESPÍRITO SANTO

Editora Appris Ltda.
1.ª Edição - Copyright© 2025 dos autores
Direitos de Edição Reservados à Editora Appris Ltda.

Nenhuma parte desta obra poderá ser utilizada indevidamente, sem estar de acordo com a Lei nº 9.610/98. Se incorreções forem encontradas, serão de exclusiva responsabilidade de seus organizadores. Foi realizado o Depósito Legal na Fundação Biblioteca Nacional, de acordo com as Leis nos 10.994, de 14/12/2004, e 12.192, de 14/01/2010.

Catalogação na Fonte
Elaborado por: Josefina A. S. Guedes
Bibliotecária CRB 9/870

A182m 2025	Acker, Sandra Goulart Van Mulheres de fé: seguindo o coração de Deus e refletindo o Espírito Santo / Sandra Goulart Van Acker. – 1. ed. – Curitiba: Appris, 2025. 101 p. ; 21 cm. Inclui bibliografia. ISBN 978-65-250-7798-7 1. Mulheres – Vida religiosa. 2. Deus. 3. Crescimento espiritual. 4. Fé. 5. Espírito Santo. 6. Bíblia. I. Título. CDD – 248.8

Editora e Livraria Appris Ltda.
Av. Manoel Ribas, 2265 – Mercês
Curitiba/PR – CEP: 80810-002
Tel. (41) 3156 - 4731
www.editoraappris.com.br

Printed in Brazil
Impresso no Brasil

SANDRA GOULART VAN ACKER

MULHERES DE FÉ
SEGUINDO O CORAÇÃO DE DEUS
E REFLETINDO O ESPÍRITO SANTO

Curitiba, PR
2025

FICHA TÉCNICA

EDITORIAL	Augusto V. de A. Coelho
	Sara C. de Andrade Coelho
COMITÊ EDITORIAL	Ana El Achkar (Universo/RJ)
	Andréa Barbosa Gouveia (UFPR)
	Jacques de Lima Ferreira (UNOESC)
	Marília Andrade Torales Campos (UFPR)
	Patrícia L. Torres (PUCPR)
	Roberta Ecleide Kelly (NEPE)
	Toni Reis (UP)
CONSULTORES	Luiz Carlos Oliveira
	Maria Tereza R. Pahl
	Marli C. de Andrade
SUPERVISORA EDITORIAL	Renata C. Lopes
PRODUÇÃO EDITORIAL	Sabrina Costa
REVISÃO	Katine Walmrath
DIAGRAMAÇÃO	Amélia Lopes
CAPA	Kananda Ferreira
REVISÃO DE PROVA	Alice Ramos

*Que a sua vida seja uma carta viva de Cristo,
escrita pelo Espírito Santo e inspirando todos ao seu redor.*

(Inspirado em 2 Coríntios 3:2-3 NAA)

AGRADECIMENTOS

Agradeço de coração à minha amada Nathália, que, além de revisora, foi minha parceira fiel nesta jornada. Obrigada, filha, por cada ajuste, cada sugestão e por ser a guardiã oficial dos meus deslizes. Você é extraordinária! Este livro carrega meu coração nas páginas e a sua dedicação em cada linha.

*Aos amores da minha vida,
que caminharam comigo em cada etapa deste livro:*

*Ao meu esposo, Leonardo, minha rocha e parceiro fiel,
que sempre acreditou em mim (mesmo quando eu mesma duvidei)
e me incentivou com amor e café!*

*À minha filha, Nathália, revisora oficial e minha maior cheerleader,
que trouxe seus toques especiais a cada linha.
Você é um presente de Deus!*

*Ao meu filho, Nicolas, que com suas palavras e abraços,
me lembrou que a simplicidade e a alegria tornam tudo mais leve.*

*E à minha mãe, Neusa, que com sua sabedoria e orações me
sustentou em todos os momentos. Sua força e fé me inspiram sempre.*

*E ao meu pai, Paulinho, que agora descansa nos braços do Pai
Celestial, mas cujo amor, ensinamentos e exemplo de fé continuam
vivos em mim. Cada página deste livro carrega um pedacinho do que
ele me ensinou sobre perseverança e confiança em Deus. Sinto sua
presença em tudo que faço.*

*Obrigada por estarem comigo, acreditarem nos meus sonhos e
fazerem esta jornada algo inesquecível! Amo vocês um tantão assim!*

APRESENTAÇÃO

Oi, meu nome é Sandra Goulart Van Acker. Sou cristã, filha, esposa e mãe, apaixonada por uma vida simples e equilibrada, focada no que realmente importa. Creio que Deus nos chama a viver com propósito, refletindo Sua graça em nossas escolhas. Quero ajudar você a viver de forma intencional, confiando nos planos de Jesus e simplificando o que precisa ser simplificado.

Sabe quando a gente vive no modo piloto automático, com cansaço extremo, invertendo as prioridades, sem tempo para nada? Aquela vida de correria, desgaste e pressão… Nos últimos meses, refleti muito sobre a mulher que me tornei: quem sou além da mãe, da esposa, da mulher que vejo no espelho com o cabelo bagunçado, com algumas olheiras, mas sempre com um sorriso? Foi o Espírito Santo que me ajudou a enxergar além das aparências, trazendo clareza sobre quem eu sou e quem Ele me chama a ser.

Então, em 2024, aos 55 anos, entendi realmente que Jesus é o descanso que minha alma precisava, e n'Ele encontrei forças para reorganizar minha vida e seguir o propósito que Deus tem para mim.

Espero que este livro enriqueça sua jornada, fortalecendo sua fé e melhorando seus relacionamentos. Ficarei feliz em manter contato com você! Escreva para sgvart00@gmail.com ou envie uma DM no Instagram: @_sgvart.

Lembre-se: alimente aquilo que fortalece sua fé e a sua intimidade com Cristo.

Um abraço *daqueles* para você!

PREFÁCIO

Acredito que todas nós já nos perguntamos: sou uma boa mulher? Mas, afinal, o que é ser uma boa mulher? É corresponder às expectativas dos outros? Ser forte o tempo todo? Dar conta de tudo sem falhar? São tantos padrões que nos são impostos, e muitas vezes medimos nosso valor com base em comparações e cobranças externas. Porém, a verdadeira resposta não está no olhar do mundo, mas na identidade que só encontramos em Deus. Ser uma boa mulher é viver com propósito, buscar crescimento constante, construir uma intimidade com o Pai e refletir, a cada dia, o caráter de Jesus. E é exatamente sobre isso que o livro *Mulheres de fé* nos convida a pensar e praticar.

Diante da busca incessante por validação social, justiça própria e até um certo egoísmo (com o famoso "o que importa é ser feliz", por exemplo), os ensinos de Jesus, no Sermão do Monte, seguem um contrafluxo. Sobre o Sermão do Monte, Martyn Lloyd-Jones expõe: "[...] o grande propósito desse sermão é o de oferecer uma exposição do reino como uma realidade essencialmente espiritual. O reino é, antes de tudo, algo que está 'dentro em vós'. Trata-se daquilo que governa e controla o coração, a mente e as atitudes do indivíduo. Em outras palavras, no Sermão do Monte não nos é recomendado: 'Vivei deste modo e vos tornareis cristãos'. Pelo contrário, somos ali ensinados: 'Visto que sois cristãos, vivei deste modo'. É desse modo que os cristãos deveriam viver; assim é que se espera que eles vivam" (Estudos sobre o Sermão do Monte – Introdução).

Jesus começa o Sermão do Monte expondo as bem-aventuranças: o maravilhoso processo pelo qual os cristãos passam. Logo, chama-nos a testemunharmos nossa transformação de vida, como sal da terra e luz do mundo. Ele ensina princípios para a vida comum: cumprimento dos mandamentos, não de forma legalista, mas principalmente nas intenções do coração; a reconciliação, a fidelidade e a honestidade. Ele desafia a lógica da vingança, ensinando a oferecer a outra face e a caminhar a segunda milha, e nos chama a um amor radical, inclusive aos inimigos, refletindo o caráter de Deus. Ao final do primeiro capítulo do Sermão do Monte, Jesus conclui com um chamado surpreendente: "Portanto, sejam perfeitos, como perfeito é o Pai de vocês, que está nos céus" (Mateus 5:48).

E o que essas palavras significam exatamente? Pensando no nosso papel como mulher, precisamos ser perfeitas, então? Na verdade, não aqui. É impossível atingir a perfeição completa "do lado de cá da eternidade". No entanto, é justamente a busca por essa perfeição que nos mantém em um processo contínuo de crescimento e santificação até o dia em que nos encontrarmos com o Senhor.

Você está viva? Então, ainda há mais para avançar. Ser uma boa mulher não é ser perfeita. Ser uma boa mulher é continuar crescendo e se aperfeiçoando para a glória de Deus. É como Paulo diz em Filipenses 3:13-14: "Não que eu já tenha recebido isso ou já tenha obtido a perfeição, mas prossigo para conquistar aquilo para o que também fui conquistado por Cristo Jesus. Irmãos, quanto a mim, não julgo havê-lo alcançado, mas uma coisa faço: esquecendo-me das coisas que ficam para trás e avançando para as que estão diante de mim, prossigo para o alvo, para o prêmio da soberana vocação de Deus em Cristo Jesus".

Uma vez ouvi uma analogia que se encaixa muito bem aqui: a jornada cristã é como andar no fluxo contrário de uma esteira em movimento, que naturalmente nos empurra para a morte. Se paramos de caminhar, nos afastamos de Deus e nos aproximamos da morte. Às vezes, mesmo sem parar completamente, precisamos lutar para que o pecado também não nos arraste a favor da esteira. Há momentos em que o esforço parece dobrado, quando enfrentamos tribulações, dúvidas ou cansaço. Mas é nesses momentos que precisamos firmar os pés na Palavra, confiar em Deus e continuar avançando. A caminhada na fé não é sobre velocidade, mas sobre constância. Por isso, não podemos simplesmente desistir, porque cada passo, por menor que pareça, leva-nos mais perto do propósito para o qual fomos chamadas.

Logo, firmar-se na oração e na Palavra é essencial para não sermos "levadas de um lado para outro por qualquer vento de doutrina". E é justamente isso que **Mulheres de Fé** busca proporcionar: um encorajamento prático para nos mantermos vivas e firmes no processo contínuo da santificação, até o dia em que seremos glorificadas em Cristo. É um lembrete de que não caminhamos sozinhas - o próprio Deus nos fortalece e nos capacita a seguir em frente. Nesta jornada, somos chamadas a crescer em nosso relacionamento com o Pai, a sermos bênção no cuidado com nossa família e a vivermos com fidelidade e dedicação o ministério que Ele nos confiou. Tenho certeza de que este livro será um instrumento para fortalecer sua fé, renovar sua esperança e reafirmar a verdade de que, mesmo quando a caminhada é desafiadora, cada passo dado com fé vale a pena.

Nathália Goulart Van Acker Boutros

SUMÁRIO

INTRODUÇÃO
UM CHAMADO À TRANSFORMAÇÃO 19

CAPÍTULO 1
ALINHANDO SEU CORAÇÃO COM DEUS 23

CAPÍTULO 2
PRIORIDADES QUE TRANSFORMAM:
DEUS EM PRIMEIRO LUGAR 29

CAPÍTULO 3
FORTALECENDO SEU CASAMENTO:
O AMOR COMO BASE 36

CAPÍTULO 4
MATERNIDADE COM PROPÓSITO 43

CAPÍTULO 5
CRIANDO UM LAR DE PAZ E AMOR 50

CAPÍTULO 6
CRESCIMENTO ESPIRITUAL CONSTANTE 57

CAPÍTULO 7
REFLETINDO O ESPÍRITO SANTO NA COMUNIDADE 64

CAPÍTULO 8
A JORNADA CONTINUA: PERSEVERANDO COM DEUS 71

CAPÍTULO FINAL
VIVENDO COMO MULHER SEGUNDO
O CORAÇÃO DE DEUS 78

BÔNUS 1
AÇÕES DIÁRIAS PARA FORTALECER
A CAMINHADA COM DEUS 84

BÔNUS 2
MATERIAIS ADICIONAIS PARA APROFUNDAMENTO 92

REFERÊNCIAS BIBLIOGRÁFICAS 98

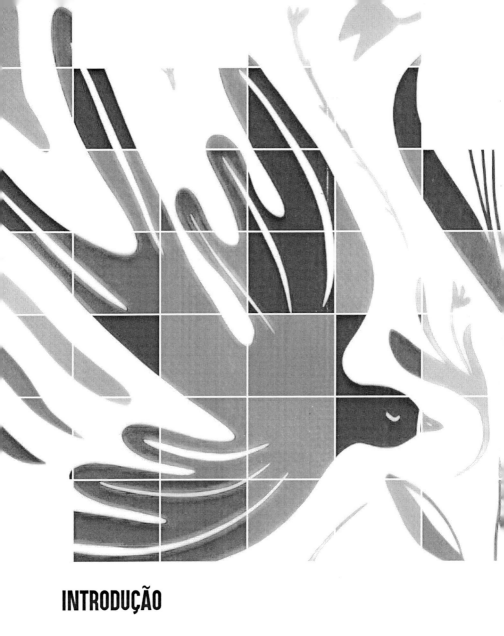

INTRODUÇÃO

UM CHAMADO À TRANSFORMAÇÃO

A vida de uma mulher cristã pode ser comparada a um jardim. Em algumas fases, o jardim está florido, com todas as plantas bem cuidadas, mas em outras ele pode parecer desorganizado, com algumas flores murchas e ervas daninhas tomando conta. Às vezes, você sente que a vida está nos trilhos e outras vezes é difícil encontrar direção. A boa notícia é que, assim como um jardineiro pode transformar um jardim em um lugar bonito e cheio de vida, você também pode passar por uma transformação espiritual e pessoal que trará paz, propósito e alegria. Gosto da analogia do jardim porque tudo o que plantamos e cuidamos cresce.

Neste livro, queremos convidá-la a embarcar nesta jornada de transformação. Não importa se você se sente perdida, sobrecarregada ou desconectada de Deus; este é um convite para viver uma vida alinhada com o coração de Deus, refletindo o Seu amor em cada área da sua vida. E, ao longo dessa caminhada, você não estará sozinha. Deus deseja guiá-la, fortalecer seus relacionamentos e ajudar você a encontrar equilíbrio, mesmo quando a rotina parecer impossível de gerenciar.

Você não precisa ser perfeita!

Muitas mulheres, especialmente nas redes sociais, são levadas a acreditar que precisam ter uma vida impecável. Vemos imagens de mulheres bem-sucedidas, felizes e organizadas, mas por dentro elas podem estar lutando com dúvidas e inseguranças, assim como você. O que você vê on-line nem sempre reflete a realidade. Na verdade, todo mundo enfrenta desafios. Você pode estar lidando com o estresse de equilibrar o trabalho, o casamento, a maternidade e ainda tentar manter a fé em Deus. Mas, mesmo em meio a essas dificuldades, Deus oferece a paz que o mundo não pode oferecer.

A Transformação Começa no Coração

A transformação que buscamos começa no coração. Ela não depende da mudança exterior, como um novo guarda-roupa ou uma casa mais arrumada. Ela vem de dentro, através de um relacionamento mais profundo com Deus. Ao alinharmos nosso coração com Deus, encontramos clareza e direção, e Ele começa a nos moldar conforme Seu plano. A Palavra de Deus nos ensina que, quando buscamos a Ele de todo o coração, encontramos o que precisamos.

"Vocês me buscarão e me acharão quando me buscarem de todo o coração" (Jeremias 29:13).

Crescimento Espiritual e Prático

Muitas mulheres se sentem inseguras ou inexperientes quando se trata de crescimento espiritual, mas a boa notícia é que esse crescimento é um processo contínuo. A jornada não precisa ser perfeita ou rápida; ela tem mais a ver com dar pequenos passos em direção ao Senhor. Não é necessário saber tudo sobre a Bíblia ou ter todos os versículos decorados para começar. O simples ato de dedicar um tempo diário para orar, ler a Palavra e pedir ao Espírito Santo por sabedoria já faz uma enorme diferença. Como um aluno que começa a estudar e logo começa a ver o progresso, seu crescimento espiritual será visível com o tempo.

A Busca por Propósito

Outro desejo comum entre as mulheres é encontrar seu propósito na vida. Muitas vezes, sentimos que a rotina diária nos engole e nos faz perder de vista o que realmente importa. Porém, quando alinhamos nossa vida aos princípios de Deus, podemos começar a entender melhor o que Ele tem para nós. Ele nos criou com um propósito único, e o verdadeiro sentido da vida é encontrado em servi-Lo e viver de acordo com

Sua vontade. Quando damos espaço para Deus moldar nossos planos, encontramos paz, até mesmo nas situações mais difíceis.

Como Deus Pode Transformar Sua Vida

A transformação de que falamos não significa que sua vida será sem dificuldades. Ela significa que, mesmo diante das dificuldades, você terá força, sabedoria e paz para enfrentar qualquer situação. Deus promete estar conosco em cada passo, ajudando-nos a superar os desafios da vida. Ele também promete nos dar o Espírito Santo, que nos guia e nos fortalece. Quando seguimos a direção de Deus, podemos viver com propósito, mesmo que o mundo ao nosso redor pareça confuso.

Este livro foi escrito para que você possa dar os primeiros passos ou fortalecer sua caminhada com Deus. Ao longo dos próximos capítulos, vamos explorar como alinhar sua vida com os princípios de Deus, como viver com equilíbrio nos diversos papéis que você desempenha, como fortalecer o seu casamento, ser uma mãe mais presente e, acima de tudo, viver com a paz que só Ele pode dar.

A transformação começa agora, neste momento em que você decide seguir o chamado de Deus para viver segundo o Seu coração. Não importa qual seja a sua situação ou o quanto você se sinta distante d'Ele. Deus deseja que você caminhe com Ele, confiante de que Sua graça é suficiente para você, e que Ele pode transformar qualquer área da sua vida. Ao seguir os passos que vamos aprender juntas neste livro, você verá mudanças reais e duradouras em sua vida, família e comunidade.

Deixe esta jornada começar, e permita que Deus faça de você a mulher que Ele lhe chamou para ser.

CAPÍTULO 1

ALINHANDO SEU CORAÇÃO COM DEUS

O Coração Como Bússola Espiritual

Imagine o seu coração como uma bússola. Quando está bem ajustada, a bússola aponta para o norte com precisão, guiando você pelo caminho certo. No entanto, se estiver desregulada, ela pode conduzir você a direções erradas, causando confusão e desorientação. Assim também é o nosso coração: ele precisa estar alinhado com Deus, o verdadeiro "norte", para que possamos encontrar a direção certa e viver de acordo com o propósito que Ele tem para nós.

Esse alinhamento não se refere apenas a seguir práticas religiosas. É um chamado para conectar nosso interior com o Criador, ajustando nossos pensamentos, desejos e ações à vontade divina. Viver com o coração alinhado com Deus nos permite enfrentar desafios com confiança, encontrar paz em meio às dificuldades e descobrir o propósito único que Ele preparou para cada uma de nós.

"De tudo o que se deve guardar, guarde bem o seu coração, porque dele procedem as fontes da vida" (Provérbios 4:23).

O que Significa Alinhar o Coração com Deus?

Alinhar o coração com Deus é como construir uma amizade íntima. Imagine uma amizade verdadeira: você passa tempo com a pessoa, compartilha seus pensamentos e ouve atentamente. Com Deus, essa relação é cultivada por meio da oração, da leitura da Bíblia e da busca constante pela presença d'Ele. À medida que nos aproximamos de Deus, começamos a refletir Seus valores e princípios em nossas escolhas diárias.

Uma forma de entender esse alinhamento é pensar no coração como um jardim. Deus é o jardineiro que planta sementes de amor, sabedoria e propósito em nossas vidas. No entanto, essas sementes só florescem se cuidarmos do jardim (como falamos lá na introdução): removendo ervas daninhas (como mágoas ou medos), regando regularmente (com oração e leitura da Palavra) e permitindo que a luz de Deus brilhe sobre ele. Um coração negligenciado, por outro lado, pode se tornar confuso e cheio de dúvidas.

Por que Isso é Importante?

1. Paz em Meio às Tempestades

Quando nosso coração está alinhado com Deus, encontramos paz, mesmo nos momentos mais difíceis. É como estar em um barco no meio de uma tempestade, mas sabendo que o capitão tem total controle. Deus é esse guia confiável que nos ajuda a navegar pelas águas turbulentas da vida.

2. Descoberta do Propósito

Sem direção, é fácil se perder nas pequenas escolhas e nas grandes decisões. A Bíblia diz:

"Bendito aquele que confia no Senhor e cuja esperança é o Senhor. Porque ele é como a árvore plantada junto às águas, que estende as suas raízes para o ribeiro e não receia quando vem o calor, porque as suas folhas permanecem verdes; e, no ano da seca, não se perturba, nem deixa de dar fruto" (Jeremias 17:7).

Quando colocamos Deus no centro de nossas vidas, encontramos clareza. Ele nos mostra o propósito para o qual fomos criadas e nos dá sabedoria para caminhar nesse *plano*.

3. Transformação Interior

Alinhar o coração com Deus não apenas muda nossas circunstâncias, mas também nos transforma. Essa transformação nos torna mais compassivas, resilientes e confiantes. Nosso foco muda do "eu" para um propósito maior, refletindo o amor e a bondade de Deus.

Como Alinhar o Coração com Deus no Dia a Dia?

1. A Oração como Diálogo

A oração é o ponto de partida para alinhar o coração com Deus. Pense nela como uma conversa com um amigo íntimo. Não precisa ser longa nem elaborada — o que importa é a sinceridade. Deus deseja ouvir nossos medos, sonhos e agradecimentos.

Exemplo prático: Durante uma caminhada ou enquanto realiza tarefas diárias, converse com Deus, compartilhando seus pensamentos e ouvindo Sua voz em silêncio.

"Mas, ao orar, entre no seu quarto e, fechada a porta, ore ao seu Pai, que está em secreto. E o seu Pai, que vê em secreto, lhe dará a recompensa" (Mateus 6:6).

2. A Bíblia como Manual de Vida

A Bíblia é como um mapa para o coração. Ela nos mostra os caminhos que devemos seguir e as armadilhas que devemos evitar. Imagine que você está explorando uma floresta desconhecida: sem um mapa, é fácil se perder, mas com ele cada passo se torna mais seguro.

Exemplo prático: Leia o Salmo 23 para se lembrar do cuidado e da presença constante de Deus em sua vida.

"Lâmpada para os meus pés é a tua palavra, é luz para os meus caminhos" (Salmos 119:105).

3. Buscando Deus nos Detalhes

Deus não está presente apenas em grandes momentos de revelação, mas também nos pequenos detalhes do cotidiano. Ao prestar atenção, podemos perceber Sua mão em uma conversa, em um gesto de bondade ou até mesmo no silêncio.

Exemplo prático: Enquanto trabalha ou dirige, pergunte-se: "Como Deus está presente nesta situação?".

O Papel do Espírito Santo

O Espírito Santo é o nosso guia, confortador e amigo. Ele é como um farol que ilumina nosso caminho em meio à escuridão, mostrando onde devemos pisar e alertando sobre perigos à frente.

"Mas o Consolador, o Espírito Santo, a quem o Pai enviará em meu nome, esse vos ensinará todas as coisas e vos fará lembrar de tudo o que vos tenho dito" (João 14:26).

Quando abrimos espaço para o Espírito Santo, somos capacitadas a viver segundo o coração de Deus. Ele transforma nossa fraqueza em força e nos ajuda a tomar decisões sábias.

Conclusão: a Jornada do Alinhamento

Alinhar o coração com Deus não é um evento único, mas uma jornada contínua. É um processo diário de confiar, ouvir e obedecer. À medida que buscamos a presença d'Ele, descobrimos uma paz que ultrapassa o entendimento e encontramos propósito em todas as áreas de nossas vidas.

Aplicação Prática

Reflexão:

1. Quais áreas da sua vida precisam de mais alinhamento com Deus?
2. Como você pode criar um hábito diário de oração e leitura da Bíblia?

Desafio da Semana:

- Escolha um versículo que fale ao seu coração e medite nele todos os dias.
- Dedique 10 minutos diários para orar, agradecendo a Deus por Suas bênçãos.

Oração:

"Senhor, alinha meu coração ao Teu. Ensina-me a confiar em Ti e a buscar Tua presença em todos os momentos. Que o Espírito Santo seja meu guia, fortalecendo-me e iluminando meu caminho. Em nome de Jesus. Amém."

CAPÍTULO 2

PRIORIDADES QUE TRANSFORMAM: DEUS EM PRIMEIRO LUGAR

Deus como a Base da Vida

Imagine que sua vida é como um balde vazio, onde você precisa organizar pedras grandes e pequenas, cada uma representando áreas importantes: família, trabalho, sonhos, saúde, amizades e fé. Se você começar pelas pedras pequenas — as distrações e demandas menores do dia a dia —, elas ocupam espaço de forma desordenada, impedindo que as pedras maiores encontrem seu lugar. Mas, ao começar pelas pedras grandes, as mais essenciais, as pequenas se ajustam naturalmente nos espaços livres.

Na nossa vida, colocar Deus em primeiro lugar é como começar com a maior pedra de todas. Ele é a base que organiza e sustenta tudo ao redor. Quando Ele ocupa o lugar de maior prioridade, nossas demais responsabilidades se ajustam e ganham propósito. Sem Deus no centro, é fácil se perder na correria diária, como alguém tentando encher o balde sem priorizar o que realmente importa. A boa notícia é que Deus quer ser a pedra fundamental sobre a qual você constrói uma vida equilibrada e plena.

Por que Colocar Deus em Primeiro Lugar?

Colocar Deus em primeiro lugar não é apenas uma ideia teórica ou religiosa. É um princípio que traz ordem, paz e direção à vida.

1. Ele é a Fonte de Sabedoria e Força

Em Mateus 6:33, Jesus diz:

"Buscai, pois, em primeiro lugar, o seu reino e a sua justiça, e todas estas coisas vos serão acrescentadas".

Esse versículo nos lembra que, ao priorizar Deus, Ele cuida do restante. É como confiar em um guia experiente para escalar uma montanha. Quando seguimos Suas orientações, Ele nos conduz de forma segura e eficaz.

2. Impacto nas Decisões Diárias

Quando Deus está em primeiro lugar, nossas escolhas refletem Seus valores. Isso nos ajuda a tomar decisões mais sábias, evitar arrependimentos e viver com propósito. Estudos científicos[1] mostram que pessoas com práticas espirituais regulares têm menor índice de estresse, maior sensação de propósito e maior capacidade de resiliência emocional.

3. Organização das Outras Áreas da Vida

Deus no centro é como o sol no sistema solar: Ele mantém todas as áreas girando de forma ordenada e equilibrada. Sem Ele, os planetas — nossas responsabilidades — entram em desordem.

O Perigo do Desalinhamento

Quando nossas prioridades não estão alinhadas com Deus, enfrentamos os seguintes sinais de alerta:

- **Falta de Tempo para o Espírito:** Perder a prática da oração ou leitura da Bíblia.
- **Sensação de Cansaço Constante:** Correr de uma tarefa para outra sem paz interior.
- **Negligência em Relacionamentos:** Ausência emocional na família e entre amigos.
- **Vazio após Conquistas:** Mesmo ao atingir metas, falta alegria ou propósito.

---

[1] Ver em: BHUGRA, Dinesh (ed.) *et al. Oxford Textbook of Public Mental Health.* [S. l.: s. n.]: 2018. Disponível em: https://academic.oup.com/book/29862/chapter-abstract/253073916?redirectedFrom=fulltext&login=false. Acesso em: 21 abr. 2025.

O desalinhamento nos faz focar o imediato e negligenciar o eterno, como alguém que corre atrás do vento.

O Exemplo de Marta e Maria

No evangelho de Lucas 10:38-42, encontramos as irmãs Marta e Maria, que nos ensinam sobre prioridades.

Marta estava ocupada com tarefas domésticas e ficou frustrada por Maria estar sentada aos pés de Jesus. Quando reclamou, Jesus respondeu:

"Maria escolheu a boa parte, e esta não lhe será tirada".

Essa história não desvaloriza o trabalho, mas enfatiza que estar com Jesus — priorizar a presença de Deus — é essencial. Marta estava distraída pelo urgente, enquanto Maria escolheu o importante.

Reflexão: Em sua vida, você está mais como Marta, sobrecarregada pelas demandas do dia a dia, ou como Maria, reservando tempo para o que realmente importa?

Como Colocar Deus em Primeiro Lugar?

1. Comece o Dia com Deus

Dedicar os primeiros minutos do dia à oração e à leitura bíblica é como carregar a bateria espiritual. Assim como um celular descarregado não funciona bem, começamos o dia sem energia quando ignoramos nosso tempo com Deus.

Exemplo prático: Leia um versículo pela manhã, ore e peça a Deus que guie seu dia.

"Busquem o Senhor enquanto ele pode ser encontrado; invoquem-no enquanto ele está perto" (Isaías 55:6).

2. Planeje Sua Agenda com Deus no Centro

Assim como você planeja compromissos e tarefas, inclua momentos para Deus em sua rotina. Pode ser um horário fixo para orar, ler a Bíblia ou apenas meditar sobre Suas promessas.

Exemplo prático: Acorde mais cedo para ter seu tempo com Deus; no exemplo anterior, você já leu a Bíblia e orou; agora medite sobre o que leu e como pode aplicar na sua vida. Você verá como o seu dia será diferente.

3. Inclua Deus nas Pequenas Decisões

Pense em Deus como seu conselheiro mais próximo. Antes de tomar uma decisão, pergunte-se: "Isso agrada a Deus?". Esse hábito cria uma conexão constante com o Pai.

4. Desenvolva Gratidão Diária

A gratidão é uma forma poderosa de alinhar nossas prioridades. Reconhecer as bênçãos diárias nos ajuda a manter Deus no centro.

Exemplo prático: Antes das refeições ou ao final do dia, liste três coisas pelas quais você é grata.

Equilibrando as Áreas da Vida

Colocar Deus em primeiro lugar não significa negligenciar outras responsabilidades. Pelo contrário, Ele nos capacita a equilibrar todas as áreas.

1. **Espiritualidade:** Separe um momento diário para recarregar sua fé.
2. **Família:** Dedique tempo de qualidade ao cônjuge e filhos, demonstrando amor.

3. **Trabalho:** Lembre-se de que seu esforço glorifica a Deus.
4. **Ministério:** Envolva-se no serviço a Deus, mas sem negligenciar sua saúde emocional.

"Tudo o que fizerem, façam de todo o coração, como para o Senhor e não para as pessoas, sabendo que receberão do Senhor a recompensa da herança. É a Cristo, o Senhor, que vocês estão servindo" (Colossenses 3:23-24).

Conclusão: o Resultado de Priorizar Deus

Quando Deus ocupa o primeiro lugar, tudo ao nosso redor começa a se alinhar. Encontramos equilíbrio, paz e propósito. Isso não significa que não enfrentaremos desafios, mas que teremos força e sabedoria para superá-los.

Colocar Deus no centro é mais do que um hábito: é uma escolha diária que transforma nossa vida em todas as áreas.

Aplicação Prática

Reflexão:

1. Quais áreas da sua vida precisam de realinhamento?
2. Há algo em sua rotina que impede você de priorizar Deus?

Desafio da Semana:

- Dedique 10 minutos pela manhã para orar e ler a Bíblia.
- Escolha um versículo para refletir ao longo do dia.

Oração:

"Senhor, ajuda-me a colocar o Teu Reino em primeiro lugar na minha vida. Ensina-me a equilibrar minhas responsabilidades e a fazer escolhas que glorifiquem o Teu nome. Em nome de Jesus. Amém."

CAPÍTULO 3

FORTALECENDO SEU CASAMENTO: O AMOR COMO BASE

O Casamento como uma Planta Delicada

Imagine que o casamento é como uma planta. Para crescer e florescer, ela precisa de cuidados diários: água, luz, nutrientes e poda. Sem esses elementos, a planta começa a murchar. O casamento, da mesma forma, precisa de amor, respeito, paciência e esforço constante para se manter saudável e forte.

Nos dias de hoje, é fácil se distrair com a correria do dia a dia, negligenciando os cuidados que um relacionamento exige. Os desafios da vida podem criar rachaduras na base da união, mas é exatamente nesses momentos que precisamos lembrar: o verdadeiro fundamento de um casamento sólido é o amor de Deus.

O Casamento segundo o Coração de Deus

Deus criou o casamento para ser um reflexo do relacionamento de Cristo com a Igreja: um vínculo de amor, compromisso e sacrifício. Ele desenhou essa união para ser uma parceria onde marido e esposa se apoiam mutuamente enquanto buscam juntos o propósito divino para sua relação.

"De modo que já não são mais dois, porém uma só carne. Portanto, que ninguém separe o que Deus ajuntou" (Mateus 19:6).

O amor que deve sustentar o casamento não é apenas o amor romântico que sentimos no início da relação, mas o amor incondicional descrito em 1 Coríntios 13. Esse amor é paciente, bondoso, não busca os próprios interesses e nunca falha. Ele é a base que resiste aos altos e baixos da vida.

O Papel do Amor de Deus no Casamento

1. O Amor Incondicional como Fundamento

O amor de Deus não é baseado em sentimentos passageiros. Ele é sólido e inabalável, mesmo em tempos difíceis. Aplicar esse tipo de amor no casamento significa olhar para o cônjuge com paciência, perdão e empatia, mesmo quando surgem falhas ou desentendimentos.

Exemplo prático: Quando um cônjuge comete um erro, em vez de reagir com raiva, lembre-se de como Deus nos ama e nos perdoa. Esse modelo de amor nos inspira a oferecer graça ao outro.

"O amor é paciente e bondoso. O amor não arde em ciúmes, não se envaidece, não é orgulhoso" (1 Coríntios 13:4).

2. Respeito Mútuo: a Base da Harmonia

O respeito é essencial para qualquer relacionamento saudável. Ele envolve ouvir com atenção, valorizar as opiniões do outro e agir com empatia, mesmo em desacordos. O respeito mútuo fortalece a parceria e cria um ambiente onde ambos se sentem valorizados.

Exemplo prático: Durante uma discussão, pratique ouvir sem interromper. Demonstre que você valoriza a perspectiva do seu cônjuge, mesmo que não concorde totalmente.

"No entanto, também quanto a vocês, que cada um ame a própria esposa como a si mesmo, e que a esposa respeite o seu marido" (Efésios 5:33).

Os Desafios Reais no Casamento

Embora o casamento seja uma bênção, ele também vem com desafios reais, como:

- **Comunicação Deficiente:** Dificuldade em expressar sentimentos ou ouvir o outro.
- **Conflitos de Prioridades:** Falta de tempo para o cônjuge devido a trabalho ou outras responsabilidades.
- **Expectativas Irrealistas:** Esperar que o cônjuge supra todas as necessidades emocionais.
- **Falta de Intimidade Espiritual:** Afastamento de Deus como casal, o que enfraquece a relação.

Construindo um Relacionamento segundo Princípios Bíblicos

1. Comunicação Clara e Honesta

A comunicação no casamento é como a troca de água e nutrientes para uma planta. Sem ela, o relacionamento começa a murchar.

- Falar com clareza e sem acusações fortalece a confiança.
- Reservar tempo para conversas regulares ajuda a resolver problemas antes que cresçam.

"Vocês sabem estas coisas, meus amados irmãos. Cada um esteja pronto para ouvir, mas seja tardio para falar e tardio para ficar irado" (Tiago 1:19).

2. O Poder do Perdão

No casamento, erros são inevitáveis, mas o perdão é o remédio que cura as feridas. Ele restaura a confiança e permite que o relacionamento continue a crescer.

Exemplo prático: Se você sente mágoa, peça a Deus que a ajude a perdoar. Lembre-se de que o perdão beneficia tanto quem o oferece quanto quem o recebe.

"Suportem-se uns aos outros e perdoem-se mutuamente, caso alguém tenha motivo de queixa contra outra pessoa. Assim como o Senhor perdoou vocês, perdoem também uns aos outros" (Colossenses 3:13).

3. Serviço e Parceria

O casamento é uma parceria onde ambos trabalham juntos para alcançar objetivos comuns. Quando cada um coloca as necessidades do outro à frente de seus próprios desejos, o casamento se torna mais equilibrado e satisfatório.

Exemplo prático: Se um dos cônjuges está sobrecarregado, o outro pode oferecer ajuda prática, como assumir tarefas ou oferecer apoio emocional.

"Ninguém busque o seu próprio interesse, e sim o de seu próximo" (1 Coríntios 10:24).

O Exemplo de Cristo no Casamento

Jesus é o modelo perfeito de amor sacrificial. Ele deu Sua vida pela Igreja, e no casamento, somos chamados a refletir esse amor.

- Os maridos são desafiados a amar suas esposas como Cristo amou a Igreja.

- As esposas são chamadas a respeitar seus maridos com a mesma devoção que a Igreja tem por Cristo.

"Como, porém, a igreja está sujeita a Cristo, assim também as mulheres sejam em tudo submissas ao seu marido. Maridos, amai vossa mulher, como também Cristo amou a igreja e a si mesmo se entregou por ela" (Efésios 5:24-25).

Conclusão: Fortalecendo Seu Casamento Todos os Dias

Fortalecer o casamento não é uma tarefa única, mas um compromisso diário. Ele requer esforço, amor verdadeiro, respeito, perdão e uma constante busca pela presença de Deus. Como uma planta que precisa de cuidados, o casamento cresce quando alimentado com paciência, dedicação e a graça de Deus.

Quando colocamos o amor de Deus como base, encontramos a força necessária para superar desafios e a alegria de construir uma vida compartilhada cheia de propósito.

Aplicação Prática

Reflexão:

1. Quais áreas do seu casamento precisam de mais atenção?
2. Existe algo que você pode mudar para demonstrar mais amor e respeito?

Desafio da Semana:

- Reserve um tempo para conversar com seu cônjuge sobre sonhos e desafios.
- Planeje uma atividade espiritual juntos, como orar ou ler a Bíblia em casal.

Oração:

"Senhor, ajuda-nos a construir um casamento segundo o Teu propósito. Ensina-nos a amar como Cristo amou, a respeitar, perdoar e servir um ao outro. Que nosso relacionamento seja uma expressão do Teu amor. Em nome de Jesus. Amém."

CAPÍTULO 4

MATERNIDADE COM PROPÓSITO

Introdução: A Maternidade como uma Jornada de Propósito

Imagine a maternidade como uma longa e bela jornada em um caminho que você nunca percorreu antes. Cada passo traz desafios, descobertas e recompensas. Ser mãe é como cuidar de um jardim (agora o jardim sob a perspectiva da mãe): você planta as sementes de valores, amor e fé no coração de seus filhos e, com paciência e dedicação, vê essas sementes crescerem. No entanto, como todo jardim, a criação de filhos exige atenção diária, esforço e propósito claro.

A maternidade não é apenas uma função biológica, mas um chamado divino. Deus confiou às mães a responsabilidade de moldar vidas, de ensinar princípios e de guiar corações em direção ao propósito de Deus. Ser mãe com propósito significa compreender que você não apenas cria filhos, mas discipula almas.

"Herança do Senhor são os filhos; o fruto do ventre, seu galardão" (Salmos 127:3).

A Maternidade no Plano de Deus

A maternidade foi desenhada por Deus como uma das formas mais poderosas de influenciar o mundo. Por meio das mães, valores eternos são transmitidos de geração em geração. Cada filho é uma oportunidade de refletir o amor de Deus e moldar o futuro.

"Ensine a criança no caminho em que deve andar, e ainda quando for velho não se desviará dele" (Provérbios 22:6).

A Bíblia nos dá exemplos inspiradores de mulheres que viveram sua maternidade com propósito:

- **Ana, mãe de Samuel:** Ela dedicou seu filho a Deus antes mesmo de ele nascer, reconhecendo que ele era uma dádiva divina.

- **Eunice, mãe de Timóteo:** Sua fé sincera influenciou profundamente o ministério de Timóteo.

Essas mulheres compreenderam que a maternidade é uma missão divina e viveram com intencionalidade para cumprir esse chamado.

Desafios da Maternidade Cristã

Criar filhos nos dias de hoje pode ser uma tarefa intimidadora. Vivemos em um mundo repleto de influências negativas, expectativas irreais e pressões sociais que dificultam a criação de filhos em um ambiente saudável e centrado em Deus.

1. Falta de Tempo

O ritmo acelerado da vida moderna pode fazer com que o tempo de qualidade com os filhos seja negligenciado. Entre trabalho, responsabilidades domésticas e outras demandas, é fácil se sentir sobrecarregada.

2. Influências Externas

As crianças estão expostas a valores e comportamentos que muitas vezes vão contra os princípios cristãos. Redes sociais, amigos e a cultura moderna podem afetar a forma como elas enxergam a si mesmas e o mundo ao seu redor.

3. Luta contra a Culpa Materna

Muitas mães se questionam: "Estou fazendo o suficiente?", "Estou ensinando os valores certos?" ou "Como posso proteger meus filhos do mundo sem isolá-los?". Essa culpa pode ser paralisante e prejudicar sua confiança como mãe.

Reflexão: Quais desses desafios você tem enfrentado em sua jornada como mãe?

Criando Filhos com Propósito

1. Ensinando Valores e Princípios Bíblicos

Os filhos aprendem mais com o exemplo do que com palavras. Quando as mães vivem de acordo com os valores cristãos — como honestidade, bondade, generosidade e perdão —, seus filhos são naturalmente influenciados por esse comportamento.

Exemplo prático: Se você deseja ensinar a importância do perdão, mostre isso ao pedir desculpas quando errar. Demonstre generosidade compartilhando seu tempo ou recursos com quem precisa.

"Estas palavras que hoje lhe ordeno estarão no seu coração. Você as inculcará a seus filhos, e delas falará quando estiver sentado em sua casa, andando pelo caminho, ao deitar-se e ao levantar-se" (Deuteronômio 6:6-7).

2. A Importância da Oração

A oração é uma das ferramentas mais poderosas que uma mãe pode usar. Quando você ora por seus filhos, não apenas entrega a vida deles a Deus, mas também fortalece sua própria fé.

Dicas práticas:

- Ore pelo futuro espiritual, emocional e profissional de seus filhos.
- Inclua seus filhos nas orações familiares, ensinando-os a confiar em Deus em todas as situações.

"Orem sem cessar" (1 Tessalonicenses 5:17).

3. Cultivando Gratidão e Fé

Incentive seus filhos a reconhecerem as bênçãos de Deus em todas as circunstâncias. A gratidão é um antídoto contra a insatisfação e o descontentamento.

Exemplo prático: Crie um "diário de gratidão" em família, onde cada membro escreve algo pelo qual é grato, diariamente.

O Papel de Mãe na Construção de um Lar de Paz

Uma mãe com propósito também é responsável por criar um ambiente de paz e segurança. O lar deve ser um refúgio onde os filhos se sentem amados, protegidos e valorizados.

"A mulher sábia edifica a sua casa, mas a insensata a derruba com as próprias mãos" (Provérbios 14:1).

Dicas para criar um lar harmonioso:

1. Estabeleça uma rotina que inclua momentos de conexão em família, como refeições juntos ou noites de leitura bíblica.
2. Seja paciente e ouça seus filhos com atenção.
3. Promova o respeito mútuo entre os membros da família.

Lidando com os Desafios da Maternidade

1. Aceite que Você Não É Perfeita

A maternidade é um processo de aprendizado contínuo. Errar faz parte da jornada, e o importante é estar disposta a corrigir os erros e crescer com eles.

Reflexão: Como você pode aliviar a pressão de ser uma "mãe perfeita" e focar em ser uma mãe presente?

2. Busque Força em Deus

Nos momentos de cansaço e frustração, lembre-se de que Deus está ao seu lado. Ele é a fonte de força e sabedoria.

"Deus é o nosso refúgio e fortaleza, socorro bem presente nas tribulações" (Salmos 46:1).

Exemplo Inspirador: Eunice, a Mãe de Timóteo

Eunice, mãe de Timóteo, é um exemplo poderoso de maternidade com propósito. Apesar dos desafios que enfrentou, ela ensinou as Escrituras a seu filho desde cedo, deixando um legado de fé que impactou gerações.

Lição de Eunice: Sua dedicação espiritual moldou Timóteo para se tornar um líder na Igreja primitiva. Isso nos lembra que as sementes de fé plantadas na infância podem crescer e florescer no futuro.

Conclusão: Um Propósito Eterno

A maternidade é um chamado divino repleto de desafios, mas também de recompensas eternas. Ser mãe com propósito é mais do que realizar tarefas diárias — é discipular seus filhos, guiando-os para uma vida cheia de fé, amor e valores cristãos.

Lembre-se de que Deus escolheu você para essa missão porque Ele sabe que você é capaz. Confie n'Ele para dar a força e a sabedoria que você precisa a cada passo dessa jornada.

Aplicação Prática

Reflexão:

1. Quais valores bíblicos você está transmitindo aos seus filhos?
2. Existe algo que você gostaria de mudar em sua abordagem como mãe?

Desafio da Semana:

- Dedique 15 minutos diários para orar especificamente por cada filho.
- Escolha um versículo para memorizar em família e discuta como aplicá-lo no dia a dia.

Oração:

"Senhor, obrigada por me confiar o papel de mãe. Ajude-me a guiar meus filhos com sabedoria, paciência e amor. Que meu exemplo de fé os inspire a Te buscar e a viver segundo o Teu propósito. Em nome de Jesus. Amém."

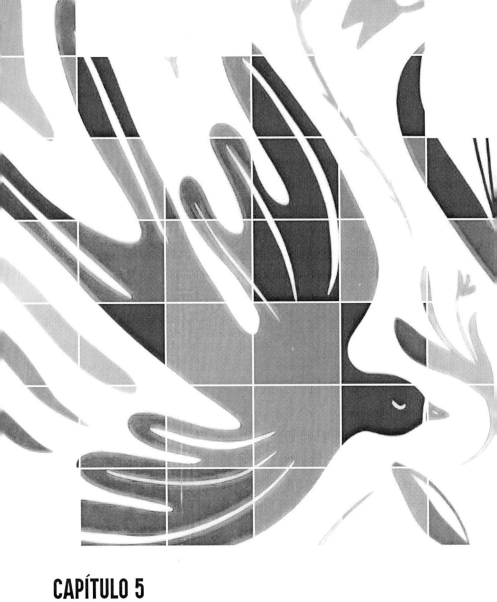

CAPÍTULO 5

CRIANDO UM LAR DE PAZ E AMOR

O Lar como um Refúgio de Deus

O lar é muito mais do que um espaço físico; é um lugar onde nossas almas encontram conforto, segurança e acolhimento. É onde formamos as bases para nossos valores, construímos relacionamentos e buscamos força para enfrentar o mundo. Criar um lar de paz e amor não significa a ausência de conflitos ou desafios, mas sim estabelecer um ambiente onde a harmonia, o respeito e o amor prevaleçam.

Imagine o lar como um jardim (olha o jardim aqui novamente). Para que floresça, ele precisa de cuidados diários: a poda das ervas daninhas, a água que nutre e a luz que dá vida. Da mesma forma, um lar precisa de comunicação, perdão e amor para crescer como um espaço acolhedor e reflexo do coração de Deus.

"Se o Senhor não edificar a casa, em vão trabalham os que a edificam. Se o Senhor não guardar a cidade, em vão vigia a sentinela" (Salmos 127:1).

O Propósito do Lar no Plano de Deus

Deus criou o lar como um lugar de acolhimento, descanso e segurança. É no lar que os valores cristãos são plantados, nutridos e vividos diariamente. Um lar baseado nos princípios de Deus não é perfeito, mas está cheio de graça, perdão e esperança.

"Porque ele é a nossa paz..." (Efésios 2:14).

Quando Deus é colocado no centro do lar, Ele transforma os momentos mais simples em experiências significativas. Ele age como a base firme que sustenta a estrutura emocional e espiritual da família, mesmo em tempos de tempestade.

Os Desafios de Criar um Lar Harmonioso

A rotina agitada e as demandas da vida moderna podem tornar o lar um lugar de estresse e desordem. Entre os desafios mais comuns estão:

1. **Conflitos Familiares:** Desentendimentos entre cônjuges ou entre pais e filhos.
2. **Falta de Tempo Juntos:** Horários apertados dificultam momentos de qualidade.
3. **Ambiente Emocional Pesado:** Pressões externas podem afetar negativamente o clima do lar.
4. **Foco em Bens Materiais:** Priorizar posses e conforto pode enfraquecer os valores espirituais.

Reflexão: Quais desses desafios você enfrenta em seu lar?

Construindo um Lar de Paz

1. A Paz Começa com Você

Assim como não podemos oferecer água de um poço seco, não podemos criar um ambiente de paz sem primeiro cultivá-la em nossos corações. A paz interior é refletida em nossas ações e atitudes.

Exemplo prático: Se você estiver frustrada, tire um momento para orar e pedir a Deus sabedoria antes de responder ou agir.

"E a paz de Deus, que excede todo entendimento, guardará o coração e a mente de vocês em Cristo Jesus" (Filipenses 4:7).

2. O Poder da Comunicação

A comunicação é a chave para resolver conflitos e fortalecer relacionamentos. Falar com gentileza e ouvir com paciência são passos essenciais para construir compreensão.

- **Dica prática:** Use frases que expressem seus sentimentos sem acusar o outro, como "Eu me sinto…" ou "Gostaria de entender melhor…".

"Vocês sabem estas coisas, meus amados irmãos. Cada um esteja pronto para ouvir, mas seja tardio para falar e tardio para ficar irado" (Tiago 1:19).

3. O Valor do Perdão

O perdão é o remédio que cura feridas emocionais e restaura a harmonia. Segurar mágoas apenas perpetua conflitos, enquanto o perdão oferece liberdade e paz.

Jesus nos ensina em Colossenses 3:13: *"Suportem-se uns aos outros e perdoem as queixas que tiverem contra alguém. Perdoem como o Senhor lhes perdoou".*

4. Criando Momentos de Conexão Familiar

Famílias que passam tempo juntas constroem laços mais fortes e saudáveis. Esses momentos não precisam ser elaborados; uma simples refeição ou uma noite de jogos pode fazer toda a diferença.

- **Comprovação científica:** Um estudo publicado na revista americana *Journal of Developmental & Behavioral Pediatrics*, em 2023, mostrou que crianças que têm refeições regulares em família apresentam maior equilíbrio emocional e melhor desempenho escolar.

Desafio: Programe um jantar ou atividade familiar semanal sem distrações como celulares ou TV.

Promovendo o Amor no Lar

1. O Amor nas Pequenas Ações

Gestos simples, como um sorriso, um abraço ou palavras de encorajamento, mostram cuidado e criam um ambiente acolhedor.

Exemplo prático: Quando seu cônjuge ou filho enfrentar um dia difícil, ouça com atenção e ofereça palavras de apoio.

"Filhinhos, não amemos de palavra, nem da boca para fora, mas de fato e de verdade" (1 João 3:18).

2. O Amor na Disciplina

Disciplinar os filhos com amor e sabedoria molda o caráter sem criar ressentimentos. A disciplina deve ensinar, não punir.

Exemplo bíblico: *"E vocês, pais, não provoquem os seus filhos à ira, mas tratem de criá-los na disciplina e na admoestação do Senhor" (Efésios 6:4).*

3. O Amor de Deus como Modelo

O amor de Deus é incondicional e sacrificial. Ao buscarmos refletir esse amor em nossas ações, criamos um ambiente onde todos se sentem valorizados.

- **Dica prática:** Inclua orações em família para agradecer e pedir orientação a Deus.

"Nós amamos porque ele nos amou primeiro" (1 João 4:19).

A Presença de Deus no Lar

Um lar onde Deus é honrado reflete paz e amor em cada detalhe. Isso pode ser incorporado tanto nas ações quanto na atmosfera física.

Dicas práticas:

- Coloque versículos em locais visíveis, como na cozinha ou na sala.
- Crie um espaço tranquilo para orações e meditação.
- Toque músicas cristãs que edifiquem o ambiente.

Exemplo Inspirador: a Mulher Sunamita

A mulher sunamita, descrita em 2 Reis 4:8-10, transformou sua casa em um lugar de acolhimento e bênção. Ela abriu espaço para o profeta Eliseu, mostrando generosidade e hospitalidade.

Lição: Pequenos gestos de cuidado e hospitalidade transformam o lar em um refúgio não apenas para a família, mas para todos que o visitam.

Conclusão: Criando um Lar que Reflete o Coração de Deus

Criar um lar de paz e amor é um processo contínuo que exige paciência, intencionalidade e fé. Não se trata de eliminar conflitos ou desafios, mas de estabelecer um ambiente onde a presença de Deus é palpável e onde cada membro da família se sente amado e valorizado.

Lembre-se de que a paz começa com você. Ao buscar a paz de Deus em seu coração, ela fluirá para o ambiente ao seu redor, transformando seu lar em um reflexo do coração de Deus.

Aplicação Prática

Reflexão:

1. Seu lar reflete a paz e o amor de Deus?
2. Que mudanças você pode fazer para promover mais harmonia e amor em sua casa?

Desafio da Semana:

- Escolha uma área da casa para reorganizar ou decorar com um versículo inspirador.
- Planeje um momento especial com a família, como uma oração conjunta ou uma noite de gratidão.

Oração:

"Senhor, ajuda-me a transformar meu lar em um lugar de paz e amor. Que cada ação e palavra reflita o Teu coração. Dá-me sabedoria para promover harmonia e força para superar desafios. Que a Tua presença seja sentida em cada canto da minha casa. Em nome de Jesus. Amém."

CAPÍTULO 6

CRESCIMENTO ESPIRITUAL CONSTANTE

O Crescimento Espiritual como Jornada de Vida

Imagine que sua vida espiritual é como uma pequena árvore. No início, ela é apenas uma semente plantada no solo do seu coração. Com água, luz e nutrientes adequados, essa semente começa a germinar, crescendo aos poucos, enfrentando tempestades e dias ensolarados, até se tornar uma árvore forte e frutífera. Assim é o crescimento espiritual: um processo contínuo que exige cuidado diário e perseverança.

O crescimento espiritual não acontece de forma instantânea. É um esforço gradual, construído com práticas diárias como leitura da Bíblia, oração, jejum e envolvimento na comunidade de fé. A cada passo, nos aproximamos mais de Deus e nos tornamos mais parecidos com Cristo, refletindo Suas qualidades em nossas atitudes e ações.

"Pelo contrário, cresçam na graça e no conhecimento de nosso Senhor e Salvador Jesus Cristo. A ele seja a glória, tanto agora como no dia eterno" (2 Pedro 3:18).

Por que o Crescimento Espiritual é Importante?

Assim como o corpo humano precisa de alimento e exercício para crescer e se fortalecer, nossa alma também necessita de nutrição espiritual. O crescimento espiritual nos prepara para enfrentar os desafios da vida, nos dá paz em meio às tempestades e nos capacita a viver o propósito que Deus planejou para nós.

Além disso, crescer espiritualmente significa amadurecer como pessoa. Isso inclui desenvolver qualidades como paciência, bondade, humildade e fé. É um caminho para viver uma vida mais plena e significativa, em harmonia com os valores de Deus.

"Eu sou a videira, vocês são os ramos. Quem permanece em mim, e eu, nele, esse dá muito fruto; porque sem mim vocês não podem fazer nada" (João 15:5).

Os Obstáculos ao Crescimento Espiritual

Mesmo com o desejo de crescer espiritualmente, é comum enfrentarmos desafios ao longo do caminho. Esses obstáculos podem incluir:

1. **Falta de Tempo:** Com rotinas agitadas, muitas vezes negligenciamos nossas práticas espirituais.
2. **Desânimo:** Sentir que nossos esforços não estão trazendo resultados pode nos desmotivar.
3. **Distrações:** Priorizar tarefas temporais em vez de eternas enfraquece nossa conexão com Deus.
4. **Dúvidas e Incertezas:** Questionar o propósito de Deus em momentos difíceis pode nos afastar de Suas promessas.

A boa notícia é que todos esses obstáculos podem ser superados com fé, persistência e as estratégias certas.

Práticas para um Crescimento Espiritual Constante

1. Leitura da Bíblia: o Alimento da Alma

A Bíblia é como um mapa para a vida espiritual. Ela nos guia, nos ensina e fortalece nossa fé. Assim como precisamos de comida para sustentar nosso corpo, precisamos da Palavra de Deus para alimentar nossa alma.

Dicas práticas:

- Comece com um plano de leitura. Pode ser um capítulo por dia ou um tema específico, como o amor de Deus ou a fé.
- Use um diário para anotar o que aprendeu e como aplicar isso em sua vida.

"Faze-me conhecer os teus caminhos, Senhor; ensina-me as tuas veredas. Guia-me na tua verdade e ensina-me, pois tu és o Deus da minha salvação, em quem eu espero todo o dia" (Salmos 25:4-5).

2. A Oração: uma Conversa com Deus

A oração é a maneira mais íntima de se conectar com Deus. Ela não precisa ser formal ou cheia de palavras complicadas. O importante é a sinceridade do coração.

Dicas práticas:

- Estabeleça um horário fixo para orar, seja pela manhã, à tarde ou à noite.
- Inclua em suas orações momentos de gratidão, confissão e intercessão pelos outros.

"Não fiquem preocupados com coisa alguma, mas, em tudo, sejam conhecidos diante de Deus os pedidos de vocês, pela oração e pela súplica, com ações de graças" (Filipenses 4:6).

3. O Jejum: um Foco Maior em Deus

O Jejum é uma prática poderosa que nos ajuda a nos concentrar em Deus e a depender d'Ele, é também uma disciplina bíblica, e o seu propósito básico é buscar a Deus e sua intervenção sobrenatural em nossas vidas. Assim como a oração é um caminho para acessar as bênçãos que o Senhor já nos oferece por Sua graça, o jejum também é uma forma de nos conectar com o mundo espiritual e fortalecer a nossa fé, capacitando-nos a receber aquilo que Ele tem reservado para nós. Ao nos abstermos de algo, como alimentos ou distrações, criamos espaço para ouvir melhor a Sua voz. Este assunto é tão rico que vale a pena se aprofundar mais.

- **Dica prática:** Comece com um jejum curto, como uma manhã ou tarde, dedicando esse tempo à oração e meditação na Palavra. Busque mais informações sobre os princípios do jejum.

"Quando vocês jejuarem, não fiquem com uma aparência triste, como os hipócritas; porque desfiguram o rosto a fim de parecer aos outros que estão jejuando. Em verdade lhes digo que eles já receberam a sua recompensa. Mas você, quando jejuar, unja a cabeça e lave o rosto, a fim de não parecer aos outros que você está jejuando, e sim ao seu Pai, em secreto. E o seu Pai, que vê em secreto, lhe dará a recompensa" (Mateus 6:16-18).

4. Envolvimento na Comunidade de Fé

Participar de uma igreja, o encorajamento mútuo e o aprendizado em grupo nos ajudam a crescer de forma mais sólida.

- **Dica prática:** Envolva-se em ministérios ou grupos de estudo bíblico. Compartilhar sua fé também é uma forma de crescimento espiritual.

"Sirvam uns aos outros, cada um conforme o dom que recebeu, como encarregados de administrar bem a multiforme graça de Deus" (1 Pedro 4:10).

5. Enfrentando Dificuldades com Fé

As dificuldades são oportunidades para crescermos. Elas testam nossa fé, mas também nos ajudam a amadurecer. Em momentos difíceis, lembre-se de que Deus está ao seu lado e usa as provações para fortalecer seu caráter.

- **Exemplo bíblico:** Jó enfrentou perdas imensas, mas permaneceu fiel a Deus. Sua história é um testemunho de perseverança e fé inabalável.

"Meus irmãos, tenham por motivo de grande alegria o fato de passarem por várias provações, sabendo que a provação da fé que vocês têm produz perseverança" (Tiago 1:2-3).

Superando o Desânimo Espiritual

É normal sentir desânimo em nossa caminhada espiritual. Nessas horas, lembre-se de que o crescimento é um processo contínuo e que Deus nunca abandona os que confiam n'Ele.

- Reavalie sua rotina espiritual e recomece com passos simples.
- Peça ajuda a um amigo ou mentor espiritual para orar e caminhar com você.
- Medite em promessas de Deus, como Isaías 40:31: *"Os que esperam no Senhor renovarão as suas forças."*

Exemplo Inspirador: Paulo, o Apóstolo

Paulo é um exemplo poderoso de crescimento espiritual. Mesmo enfrentando prisões, perseguições e dificuldades, ele manteve o foco em conhecer mais a Cristo. Ele disse:

"[…] prossigo para o alvo, para o prêmio da soberana vocação de Deus em Cristo Jesus" (Filipenses 3:14).

Seu exemplo nos encoraja a perseverar, mesmo quando a jornada é difícil.

Conclusão: uma Jornada de Transformação

Crescer espiritualmente é uma jornada que exige esforço, paciência e confiança em Deus. Não se trata de alcançar perfeição, mas de buscar a Deus continuamente e permitir que Ele molde nosso coração e nossas atitudes.

Cada passo, por menor que pareça, é um avanço em direção a uma vida mais plena e alinhada com o propósito divino. Confie que Deus está trabalhando em você, mesmo quando os resultados não são imediatos.

Aplicação Prática

Reflexão:

1. Quais hábitos espirituais você pode fortalecer em sua rotina?
2. Como você pode lidar melhor com os obstáculos ao seu crescimento espiritual?

Desafio da Semana:

- Escolha um versículo para memorizar e meditar ao longo da semana.
- Dedique 15 minutos por dia para oração e leitura bíblica, sem interrupções.

Oração:

"Pai amado, ajuda-me a crescer na graça e no conhecimento de Ti. Dá-me sabedoria para superar os desafios e paciência para perseverar na minha caminhada espiritual. Que minha vida reflita o Teu amor e que eu esteja sempre disposta a aprender e Te servir. Em nome de Jesus. Amém."

CAPÍTULO 7

REFLETINDO O ESPÍRITO SANTO NA COMUNIDADE

Uma Luz que Brilha para Todos Verem

Imagine que sua vida é como uma lâmpada. Quando conectada à fonte certa de energia, ela ilumina tudo ao seu redor, dissipando a escuridão e criando um ambiente acolhedor. Assim é quando o Espírito Santo está presente em nossas vidas: Ele nos conecta à força de Deus, nos transforma de dentro para fora e nos capacita a levar essa luz às pessoas ao nosso redor.

Refletir o Espírito Santo na comunidade é viver de maneira que os outros vejam Cristo em nós. É mostrar o amor, a paz e a alegria que recebemos de Deus por meio de nossas ações, palavras e atitudes. Este capítulo explora como você pode ser um canal de bênçãos, deixando o Espírito Santo brilhar através de você em todos os aspectos da sua vida.

"Vocês são a luz do mundo. Não se pode esconder uma cidade situada no alto de um monte" (Mateus 5:14).

O que Significa Refletir o Espírito Santo?

Refletir o Espírito Santo é mais do que dizer que somos cristãos. É demonstrar, por meio de nosso comportamento, as qualidades que Ele cultiva em nós. Em Gálatas 5:22-23, a Bíblia nos fala sobre o **fruto do Espírito**, que inclui amor, alegria, paz, paciência, bondade, fidelidade, mansidão e domínio próprio.

"Mas o fruto do Espírito é: amor, alegria, paz, longanimidade, benignidade, bondade, fidelidade, mansidão, domínio próprio. Contra estas coisas não há lei" (Gálatas 5:22-23).

Essas características devem ser visíveis em nosso dia a dia, permitindo que as pessoas ao nosso redor percebam algo diferente e atraente em nós.

Assim como um espelho reflete a luz que recebe, nós refletimos o Espírito Santo quando vivemos de acordo com os valores de Deus.

Essa reflexão não é limitada a momentos dentro da igreja, mas se manifesta em nossa casa, no trabalho, na escola e em todos os lugares onde estivermos.

Como Refletir o Espírito Santo na Comunidade?

1. Demonstrando Amor Incondicional

O amor é a essência de Deus e a principal evidência de Sua presença em nossa vida. Refletir o Espírito Santo começa com a prática do amor incondicional — aquele que não espera nada em troca.

Exemplo prático: Se você conhece alguém passando por um momento difícil, mostre empatia e ofereça ajuda. Um simples gesto, como preparar uma refeição ou ouvir atentamente, pode demonstrar o amor de Cristo.

"Eu lhes dou um novo mandamento: que vocês amem uns aos outros. Assim como eu os amei, que também vocês amem uns aos outros" (João 13:34).

2. Promovendo a Paz em Meio ao Caos

Vivemos em um mundo cheio de conflitos, mas o Espírito Santo nos chama para sermos pacificadores. Isso significa resolver desentendimentos com calma, evitar fofocas e buscar a reconciliação em vez de alimentar divisões.

Exemplo prático: Se você presenciar uma discussão no trabalho ou na família, tome a iniciativa de promover o diálogo e buscar um entendimento mútuo.

"Bem-aventurados os pacificadores, porque serão chamados filhos de Deus" (Mateus 5:9).

3. Sendo Luz em um Mundo de Escuridão

Ser luz significa iluminar o caminho para outros, ajudando-os a enxergar o amor e a verdade de Deus. Essa luz pode ser demonstrada por meio de ações simples, como honestidade, generosidade e compaixão.

Exemplo prático: Ajude em um projeto social, visite um hospital, ou seja um exemplo de integridade no trabalho. Cada pequeno ato de bondade é como acender uma vela na escuridão.

"Assim brilhe também a luz de vocês diante dos outros, para que vejam as boas obras que vocês fazem e glorifiquem o Pai de vocês, que está nos céus" (Mateus 5:16).

4. Exercendo o Perdão

O perdão é um reflexo poderoso do Espírito Santo em nossas vidas. Ele nos liberta do peso do rancor e nos ajuda a viver em paz.

Exemplo prático: Se alguém te magoou, ore por essa pessoa e tome a decisão de perdoá-la. Mesmo que leve tempo, o ato de perdoar demonstra maturidade espiritual e confiança em Deus.

"E, quando estiverem orando, se tiverem alguma coisa contra alguém, perdoem, para que o Pai de vocês, que está nos céus, perdoe as ofensas de vocês. [Mas, se vocês não perdoarem, também o Pai de vocês, que está nos céus, não perdoará as ofensas de vocês.]" (Marcos 11:25-26).

5. Servindo aos Outros com Alegria

Jesus nos ensinou que servir é um dos maiores atos de amor. O Espírito Santo nos dá alegria para ajudar os outros, mesmo quando isso exige sacrifício.

Exemplo prático: Jancee Dunn, em um artigo publicado no *New York Times*, destacou que uma conversa de apenas 8 minutos pode impactar profundamente o bem-estar emocional. Baseando-se em um estudo de 2021, constatou-se que pessoas que recebiam ligações curtas algumas vezes por semana apresentaram reduções significativas nos níveis de depressão, solidão e ansiedade em comparação com aquelas que não recebiam. Descobri que esses 8 minutos, embora breves, podem ser transformadores quando usados para oferecer presença, escuta genuína e apoio espiritual, lembrando à pessoa que não está sozinha e que Deus se importa profundamente com ela.

"[...] se é ministério, dediquemo-nos ao ministério; o que ensina dedique-se ao ensino; o que exorta faça-o com dedicação; o que contribui, com generosidade; o que preside, com zelo; quem exerce misericórdia, com alegria" (Romanos 12:7-8).

Impactando a Comunidade com o Espírito Santo

Quando refletimos o Espírito Santo, nossas ações criam um impacto profundo em nossa comunidade. Assim como uma pedra lançada na água gera ondas que se espalham, cada gesto de amor, paz e bondade tem o poder de transformar ambientes e vidas.

Exemplo prático: Envolva-se em projetos comunitários, como distribuir alimentos, participar de ações de conscientização ou organizar momentos de oração em grupo. Esses atos demonstram a presença viva do Espírito Santo em você.

"Portanto, consolem uns aos outros e edifiquem-se mutuamente, como vocês têm feito até agora" (1 Tessalonicenses 5:11).

Superando Desafios ao Refletir o Espírito Santo

Refletir o Espírito Santo nem sempre é fácil. Podemos enfrentar rejeição, incompreensão ou cansaço. Nessas horas, é importante lembrar que Deus é nossa fonte de força e que Ele usa até os momentos difíceis para moldar nosso caráter.

Dicas para perseverar:

- Ore por sabedoria e paciência.
- Confie no Espírito Santo para guiar suas palavras e ações.
- Cerque-se de uma comunidade de fé que possa te apoiar.

Exemplo Inspirador: a Mulher Samaritana

A mulher samaritana (João 4) teve um encontro transformador com Jesus e, imediatamente, compartilhou sua experiência com sua comunidade. Por meio de seu testemunho, muitos creram em Jesus. Esse exemplo nos mostra o poder de uma vida transformada pelo Espírito Santo.

Conclusão: o Mundo Precisa da Sua Luz

Refletir o Espírito Santo na comunidade é um chamado para todos nós. É ser a diferença em um mundo que muitas vezes carece de amor, paz e esperança. Cada ato de bondade, cada palavra de encorajamento e cada gesto de perdão são maneiras de mostrar ao mundo quem Deus é.

Ao permitir que o Espírito Santo brilhe em você, sua vida se torna um farol que atrai outros para o amor de Deus. Sua comunidade será transformada, e você será uma ferramenta poderosa nas mãos de Deus.

Versículo de encorajamento: *"E o Deus da esperança encha vocês de toda alegria e paz na fé que vocês têm, para que sejam ricos de esperança no poder do Espírito Santo" (Romanos 15:13).*

Aplicação Prática

Reflexão:

1. Quais características do fruto do Espírito são mais visíveis em sua vida?
2. Em que áreas você pode se esforçar para refletir mais o Espírito Santo?

Desafio da Semana:

- Escolha uma pessoa da sua comunidade para encorajar ou ajudar de maneira prática.
- Dedique tempo para compartilhar seu testemunho com alguém que precisa ouvir sobre o amor de Deus.

Oração:

"Senhor, ajuda-me a refletir o Teu Espírito Santo em tudo o que faço. Que minha vida seja um canal do Teu amor, paz e esperança para aqueles ao meu redor. Capacita-me a ser luz na minha comunidade e a impactar vidas para a Tua glória. Em nome de Jesus. Amém."

CAPÍTULO 8

A JORNADA CONTINUA: PERSEVERANDO COM DEUS

A Jornada de Fé

Imagine a vida cristã como uma longa trilha em uma montanha. Há momentos de subida íngreme, quando o cansaço parece insuportável, mas também há trechos planos e até descidas agradáveis. Durante a caminhada, surgem desafios como pedras no caminho, tempestades inesperadas ou até a sensação de que o topo nunca será alcançado. No entanto, há algo que nos impulsiona a seguir em frente: a certeza de que Deus está conosco em cada passo, sustentando-nos com Sua força e guiando-nos para um propósito maior.

Perseverar com Deus significa continuar caminhando, mesmo quando as dificuldades surgem, porque sabemos que a jornada não é percorrida sozinhos. Ele nos fortalece, nos ensina e nos conduz à vitória final.

"Bem-aventurado é aquele que suporta com perseverança a provação. Porque, depois de ter sido aprovado, receberá a coroa da vida, a qual o Senhor prometeu aos que o amam" (Tiago 1:12).

O que é Perseverar?

Perseverar é ter a coragem de continuar, mesmo quando o caminho é difícil. É uma atitude de determinação que nos ajuda a manter o foco, mesmo em meio a desafios. No contexto cristão, perseverar é confiar em Deus, obedecer à Sua vontade e permanecer firmes na fé, independentemente das circunstâncias.

A Bíblia nos ensina:

- A perseverança é uma característica essencial para quem deseja alcançar a vitória. ***"Vocês precisam perseverar, para***

- que, depois de terem feito a vontade de Deus, recebam o que Ele prometeu" (Hebreus 10:36).
- Não se trata apenas de suportar o sofrimento, mas de crescer e amadurecer por meio dele. Em Romanos 5:3-4, Paulo escreve: *"E não somente isto, mas também nos gloriamos nas tribulações, sabendo que a tribulação produz perseverança, a perseverança produz experiência e a experiência produz esperança."*

Quando as Dificuldades Chegam

Nenhuma caminhada é fácil o tempo todo. Enfrentamos momentos em que tudo parece desabar: problemas financeiros, doenças, perdas, conflitos familiares ou mesmo crises espirituais. Esses desafios podem nos fazer questionar se vale a pena continuar. Porém, é justamente nesses momentos que Deus nos convida a confiar n'Ele.

Deus está conosco nas dificuldades:

- Em Isaías 41:10, Ele nos encoraja: *"Não tema, porque eu estou com você; não fique com medo, porque eu sou o seu Deus. Eu lhe dou forças; sim, eu o ajudo; sim, eu o seguro com a mão direita da minha justiça".*
- Assim como o ouro é purificado no fogo, nossas provações são oportunidades de crescimento espiritual.

O exemplo de Jó

A história de Jó ensina sobre fé e perseverança em meio à adversidade. Ele teve perdas extremas, incluindo sua família, saúde e posses, e chegou a questionar a Deus profundamente. Apesar disso, Jó manteve uma verdade poderosa, declarando: *"Porque eu sei que o meu Redentor vive e por fim se levantará sobre a terra" (João 19:25).*

O processo de restauração na vida de Jó vai além da simples perseverança, envolveu o reconhecimento de quem Deus é — soberano e criador — e da própria fragilidade humana. No final, Deus restaurou e abençoou a vida de Jó abundantemente, mostrando que confiança e entrega a Ele trazem crescimento e renovação, mesmo em tempos difíceis.

Como Perseverar na Caminhada Cristã

1. Lembre-se das Promessas de Deus

As promessas de Deus são âncoras para a nossa alma em tempos de tempestade. Quando enfrentamos dificuldades, devemos nos apegar às verdades da Bíblia, que nos lembram que Deus é fiel e nunca nos abandona.

Exemplo prático: Anote versículos que falam sobre perseverança e leia-os quando sentir desânimo, como: *"Então ele me disse: 'A minha graça é o que basta para você, porque o poder se aperfeiçoa na fraqueza.' De boa vontade, pois, mais me gloriarei nas fraquezas, para que sobre mim repouse o poder de Cristo" (2 Coríntios 12:9).*

2. Ore e Busque Força em Deus

A oração é nossa conexão direta com Deus. Ela nos dá acesso à Sua paz, sabedoria e força. Mesmo quando não sabemos o que dizer, o Espírito Santo intercede por nós. *"Da mesma maneira, também o Espírito nos ajuda em nossa fraqueza. Porque não sabemos orar como convém, mas o próprio Espírito intercede por nós com gemidos inexprimíveis"* (Romanos 8:26).

Exemplo prático: Estabeleça um horário diário para orar, seja pela manhã, antes de dormir ou durante o dia. Dedique esses momentos para agradecer, pedir orientação ou simplesmente compartilhar suas preocupações com Deus. Se o tempo for apertado, comece com uma breve oração, mas seja persistente e consistente. Com o tempo, esse hábito vai crescer e fortalecer sua intimidade com Deus e trazer paz para sua vida cotidiana.

3. Confie no Processo de Deus

Deus muitas vezes usa os desafios para nos moldar e preparar para algo maior. Mesmo quando não vemos o propósito, podemos confiar que Ele está trabalhando.

"Sabemos que todas as coisas cooperam para o bem daqueles que amam a Deus, daqueles que são chamados segundo o seu propósito" (Romanos 8:28).

Exemplo prático: Reflita sobre momentos passados em que Deus transformou situações difíceis em bênçãos.

4. Cerque-se de Apoio Espiritual

A comunhão com outros cristãos é uma fonte de encorajamento e força. Amigos na fé podem orar por você, oferecer conselhos e caminhar ao seu lado.

Exemplo prático: Participe de um grupo de oração ou estudo bíblico. Compartilhar suas lutas e ouvir testemunhos pode renovar sua fé.

O Poder Transformador da Perseverança

A perseverança nos transforma. Ela nos ensina paciência, fortalece nossa confiança em Deus e nos aproxima mais d'Ele. Cada desafio superado é uma prova de que Deus está conosco e de que somos capazes de enfrentar o que vier.

Exemplo de Jesus

Jesus é o maior exemplo de perseverança. Ele suportou traição, sofrimento e a cruz, porque sabia que Seu sacrifício traria salvação à humanidade. Em Hebreus 12:2, lemos: *"[…] olhando firmemente para o Autor e Consumador da fé, Jesus, o qual, em troca da alegria que lhe estava proposta, suportou a cruz, sem se importar com a vergonha, e agora está sentado à direita do trono de Deus".*

Assim como Jesus perseverou, podemos confiar que, ao seguirmos em frente, alcançaremos a vitória.

Conclusão: a Jornada Continua

A caminhada cristã é uma jornada de fé, desafios e crescimento. Perseverar não significa ignorar as dificuldades, mas confiar que Deus está ao nosso lado, guiando-nos e sustentando-nos em cada passo.

Versículo final: *"Venham a mim todos vocês que estão cansados e sobrecarregados, e eu os aliviarei" (Mateus 11:28).*

Deus nunca nos abandona. Ele está conosco nos momentos de alegria e nas horas mais difíceis. Quando perseveramos, estamos crescendo em nossa fé e nos aproximando do plano perfeito que Ele tem para nós.

Aplicação Prática

Reflexão:

1. De quais promessas de Deus você pode se lembrar para enfrentar momentos de dificuldade?
2. Como você pode incluir hábitos que fortalecem sua fé no dia a dia?

Desafio da Semana:

- Escolha um versículo sobre perseverança e medite nele diariamente.
- Identifique uma área de sua vida onde você precisa confiar mais em Deus e entregue-a a Ele em oração.

Oração:

"Senhor, dá-me força para perseverar na caminhada contigo. Ajuda-me a lembrar que Tu estás comigo em cada momento, mesmo nos mais difíceis. Molda meu coração para que eu continue firme na fé e ensina-me a confiar em Teu plano. Que eu possa alcançar a vitória que preparaste para mim. Em nome de Jesus. Amém."

CAPÍTULO FINAL

VIVENDO COMO MULHER SEGUNDO O CORAÇÃO DE DEUS

O Início de uma Nova Caminhada

Chegar ao final deste livro não é o fim da jornada; pelo contrário, é o começo de uma transformação contínua. Cada capítulo até aqui foi como uma ferramenta para ajudar você a se alinhar mais com o coração de Deus. Agora, o desafio é aplicar esses ensinamentos no dia a dia, permitindo que eles moldem cada área de sua vida.

A vida cristã é como uma árvore que cresce junto a um riacho. Suas raízes precisam de tempo e cuidados para se aprofundarem na terra fértil, absorvendo a água que dá sustento e vida. Da mesma forma, sua jornada espiritual precisa de dedicação, paciência e confiança na fonte de toda a vida: Deus. Com o tempo, essa árvore se torna forte, cheia de frutos e sombra para os que estão ao seu redor. Assim é a vida de uma mulher que vive segundo o coração de Deus.

"Ele é como árvore plantada junto a uma corrente de águas, que, no devido tempo, dá o seu fruto, e cuja folhagem não murcha; e tudo o que ele faz será bem-sucedido" (Salmos 1:3).

1. O Chamado à Transformação Contínua

A vida cristã é uma caminhada de aprendizado constante. Não tem a ver com alcançar perfeição, mas sim com o desejo de buscar a Deus diariamente. Cada novo dia é uma oportunidade de ajustar sua bússola espiritual e caminhar um pouco mais perto do propósito que Deus tem para você.

Deus não espera perfeição, mas um coração disposto.

Ele conhece nossas falhas e fraquezas, mas nos convida a confiar em Sua graça. Em 2 Coríntios 12:9, lemos: *"Então ele me disse: 'A minha graça é o que basta para você, porque o poder se aperfeiçoa na fraqueza.' De boa vontade, pois, mais me gloriarei nas fraquezas, para que sobre mim repouse o poder de Cristo."* Isso significa que, mesmo nos nossos momentos de maior fraqueza, Deus pode transformar nossas vidas e nos usar para a Sua glória.

2. Colocando os Princípios em Prática

Agora que você tem uma base sólida de ensinamentos, é hora de aplicá-los em seu cotidiano. Aqui estão formas práticas de viver como uma mulher segundo o coração de Deus:

2.1. Priorize Sua Conexão com Deus

Dedique tempo diário à oração e à leitura da Bíblia. Esses momentos são como um oásis no meio da correria. Mesmo em dias agitados, uma breve conversa com Deus pode renovar sua mente e coração.

Dica prática: Comece com cinco minutos por dia e aumente gradualmente. Escolha um versículo para meditar e peça a Deus direção para o dia.

2.2. Viva em Paz nas Pequenas Coisas

A paz interior reflete no ambiente ao seu redor. Quando você entrega suas preocupações a Deus, encontra força para lidar com os desafios com calma e confiança.

Versículo de encorajamento: *"E a paz de Deus, que excede todo entendimento, guardará o coração e a mente de vocês em Cristo Jesus"* (Filipenses 4:7).

Exemplo: Quando enfrentar uma situação estressante, pare por um momento, respire fundo e peça que Deus lhe dê sabedoria e serenidade.

2.3. Seja um Farol de Fé e Amor

Você é uma embaixadora do Reino de Deus em sua casa, trabalho e comunidade. Suas atitudes e palavras podem inspirar outras pessoas a buscar a Deus.

Exemplo prático: Encontre maneiras de demonstrar bondade. Um gesto simples, como ouvir com atenção ou oferecer ajuda, pode ser um reflexo do amor de Deus.

2.4. Persevere em Todas as Circunstâncias

Haverá momentos difíceis, mas Deus é fiel. Ele promete estar ao seu lado, fortalecendo-a para seguir em frente. A perseverança é a chave para superar os desafios e crescer espiritualmente.

Dica prática: Lembre-se de momentos em que Deus já foi fiel e use isso como incentivo para confiar n'Ele no presente.

3. O Impacto de Viver segundo o Coração de Deus

Uma mulher que vive segundo o coração de Deus se torna uma fonte de luz e esperança para os que estão ao seu redor. Sua vida reflete a presença do Espírito Santo, transformando ambientes e inspirando outros.

3.1. A Transformação da Família

Sua fé e atitudes influenciam profundamente sua família. Seus filhos aprendem com seu exemplo, e seu cônjuge se fortalece ao ver sua dedicação a Deus.

Exemplo prático: Estabeleça tradições familiares que reforcem a fé, como orações antes das refeições ou leitura bíblica em grupo.

3.2. O Testemunho na Comunidade

Ao demonstrar o fruto do Espírito em suas interações diárias, você impacta sua comunidade. Seja na escola, no trabalho ou na vizinhança, suas ações podem ser um reflexo do amor de Deus.

"Digo mais a vocês: todo aquele que me confessar diante dos outros, também o Filho do Homem o confessará diante dos anjos de Deus; mas o que me negar diante das pessoas será negado diante dos anjos de Deus" (Lucas 12:8-9).

4. O Futuro Brilhante com Deus

Viver segundo o coração de Deus não elimina os desafios, mas transforma a maneira como lidamos com eles. Com Deus, cada dificuldade é uma oportunidade de crescimento e cada vitória é um testemunho de Sua fidelidade.

4.1. A Promessa da Coroa da Vida

Deus promete recompensas eternas para aqueles que perseveram na fé. Em Tiago 1:12, está escrito: *"Bem-aventurado é aquele que suporta com perseverança a provação. Porque, depois de ter sido aprovado, receberá a coroa da vida, a qual o Senhor prometeu aos que o amam."*

4.2. A Jornada é Contínua

Embora este livro chegue ao fim, sua jornada com Deus está apenas começando. Continue a buscar Sua presença, a crescer em graça e a viver como um reflexo de Seu amor.

Conclusão: um Convite à Transformação Diária

Ser uma mulher segundo o coração de Deus é um chamado para viver de maneira intencional e cheia de propósito. Não tem a ver com perfeição, mas com buscar a Deus todos os dias e permitir que Ele transforme cada área da sua vida.

Versículo de encerramento: *"E, assim, se alguém está em Cristo, é nova criatura; as coisas antigas já passaram; eis que se fizeram novas" (2 Coríntios 5:17).*

Oração Final

"Senhor, obrigada por tudo o que aprendi até aqui. Entrego minha vida, meus sonhos e minhas dificuldades em Tuas mãos. Guia-me em cada passo e molda-me segundo o Teu propósito. Que minha vida seja um reflexo do Teu amor e que eu inspire outros a Te conhecerem. Fortalece-me para viver com fé e perseverança. Em nome de Jesus. Amém."

Próximos Passos

1. **Reveja os capítulos:** Retorne às páginas deste livro sempre que precisar de inspiração ou direção.
2. **Crie um plano de ação:** Escolha um princípio aprendido e trabalhe nele nas próximas semanas.
3. **Compartilhe sua jornada:** Incentive outras mulheres a buscarem transformação e a viverem segundo o coração de Deus.

Sua caminhada com Deus é preciosa e única. Continue a trilhar esse caminho, confiando que Ele estará ao seu lado em cada passo. **Você é uma mulher amada e capacitada por Deus para fazer a diferença no mundo.**

Com amor e fé,

Sandra Goulart Van Acker

BÔNUS 1

AÇÕES DIÁRIAS PARA FORTALECER A CAMINHADA COM DEUS

Transformação a partir de Pequenos Passos

A jornada de transformação espiritual e pessoal é contínua, mas isso não significa que ela precise ser complicada. Muitas vezes, são os pequenos passos consistentes que trazem os resultados mais significativos. Ao longo deste livro, refletimos diversas vezes sobre a analogia do jardim, explorando diferentes aspectos dessa imagem tão rica. Falamos sobre o ato de plantar com sabedoria, de esperar com paciência e de cultivar com dedicação. Cada enfoque trouxe uma perspectiva única, mas todos nos lembraram da importância de cuidar daquilo que desejamos ver florescer.

Então, como em um jardim, onde o crescimento das plantas depende de cuidados diários, nossa vida também floresce quando dedicamos tempo e atenção às práticas corretas. Este capítulo apresenta ações simples e práticas que você pode incorporar ao seu dia a dia para alcançar resultados rápidos e fortalecer sua caminhada com Deus.

Lembre-se de que o objetivo não é ser perfeita, mas ser consistente. Um dia de cada vez, com pequenas mudanças, você verá como sua vida será transformada.

1. Comece o Dia com Deus

O primeiro passo para um dia produtivo e alinhado com Deus é iniciar a manhã em Sua presença. Assim como o sol é essencial para o crescimento de uma planta, a conexão com Deus ao amanhecer ilumina todo o restante do dia.

Como Fazer:

- Ao acordar, tire alguns minutos para orar. Não precisa ser uma oração longa. Apenas agradeça pelo novo dia e peça direção para o que está por vir.

- Escolha um versículo para meditar ao longo do dia. Por exemplo, Salmo 118:24: *"Este é o dia que o Senhor fez; exultemos e alegremo-nos nele".*

Exemplo Prático:

Antes mesmo de olhar o celular ou começar as tarefas do dia, diga: *"Senhor, obrigada por mais um dia. Que tudo o que eu fizer hoje glorifique o Teu nome. Me guia e me fortalece".* Isso ajuda a começar o dia com foco e clareza.

2. Estabeleça Prioridades e Organize-se

Um dia desorganizado pode levar a frustrações e sentimentos de sobrecarga. Estabelecer prioridades claras permite que você dedique tempo ao que realmente importa, colocando Deus sempre em primeiro lugar.

Como Fazer:

- Liste as três tarefas mais importantes para o dia.
- Inclua um momento de leitura bíblica e oração como prioridade número um.
- Evite se distrair com tarefas não essenciais antes de concluir as mais importantes.

Exemplo Prático:

Se você sabe que seu dia será corrido, separe 10 minutos pela manhã para organizar sua agenda. Comece com: *"Tempo com Deus, ligar para minha mãe, finalizar o relatório do trabalho".* Assim, você mantém o foco no que é realmente importante.

3. Cultive um Espírito de Gratidão

A gratidão muda nossa perspectiva e nos ajuda a enxergar as bênçãos, mesmo em meio aos desafios. Estudos científicos mostram que pessoas que praticam a gratidão regularmente têm níveis mais baixos de estresse e maior bem-estar emocional.

Como Fazer:

- Ao final do dia, escreva três coisas pelas quais você é grata.
- Agradeça a Deus em suas orações, mesmo pelas pequenas coisas.

Exemplo Prático:

No fim do dia, diga: *"Senhor, obrigada pelo sorriso do meu filho hoje, pela comida na mesa e pela força que me deu para concluir minhas tarefas"*. Isso ajuda a terminar o dia com o coração cheio de paz.

4. Dedique-se ao Estudo da Palavra de Deus

A Bíblia é nosso manual de vida. Assim como nosso corpo precisa de alimento, nossa alma precisa da Palavra de Deus para crescer espiritualmente.

Como Fazer:

- Reserve 10 a 15 minutos diários para ler a Bíblia.
- Escolha um plano de leitura ou um livro específico para estudar.

Exemplo Prático:

Leia um capítulo de Provérbios por dia e anote um ensinamento que possa aplicar em sua rotina. Por exemplo, Provérbios 3:5: *"Confie no Senhor de todo o seu coração e não se apoie em seu próprio entendimento"*. Isso pode ser um guia para decisões difíceis.

5. Pratique Atos de Amor e Serviço

Nossa fé é refletida em como tratamos os outros. Pequenos atos de bondade podem ter um impacto enorme na vida das pessoas ao nosso redor e fortalecer seus relacionamentos.

Como Fazer:

- Todos os dias, encontre uma forma de demonstrar amor e gentileza.
- Seja intencional em ouvir, ajudar ou simplesmente oferecer um sorriso.

Exemplo Prático:

Ofereça ajuda a um colega de trabalho, escreva uma mensagem de incentivo para um amigo ou faça uma tarefa doméstica sem ser solicitada. Esses gestos simples refletem o caráter de Cristo em você.

6. Reserve Tempo para o Autocuidado

Cuidar de si mesma é essencial para que você possa servir a Deus e aos outros de forma saudável. O autocuidado não é egoísmo; é uma forma de preservar o templo que Deus lhe deu.

Como Fazer:

- Separe momentos semanais para relaxar ou fazer algo de que você gosta.
- Cuide de sua saúde física, mental e espiritual.

Exemplo Prático:

Dê uma caminhada ao ar livre enquanto ouve louvores ou reserve um tempo para ler um bom livro. Essas pausas ajudam a renovar suas forças.

7. Pratique a Perseverança

Nem todos os dias serão fáceis, mas a perseverança é o que traz resultados duradouros. Quando você enfrenta dificuldades, lembre-se de que Deus está ao seu lado, fortalecendo-a.

Como Fazer:

- Lembre-se de momentos em que Deus já foi fiel e use isso como motivação para seguir em frente.
- Memorize versículos de encorajamento, como Filipenses 4:13: *"Tudo posso naquele que me fortalece"*.

Exemplo Prático:

Quando enfrentar desafios no trabalho ou na família, diga a si mesma: *"Eu consigo superar isso porque Deus está comigo"*. Isso traz confiança e paz em meio às dificuldades.

8. Sirva com Propósito

Servir aos outros não apenas ajuda quem está ao seu redor, mas também fortalece sua própria fé e traz propósito à sua vida.

Como Fazer:

- Ofereça seu tempo e talentos para ajudar em sua igreja ou comunidade.
- Encontre pequenas formas de servir diariamente.

Exemplo Prático:

Prepare uma refeição para um vizinho ou participe de um projeto social. Essas ações demonstram o amor de Deus de forma prática.

9. Mantenha-se Intencional

A intencionalidade transforma ações comuns em oportunidades de crescimento espiritual. Decida diariamente que Deus será o centro de todas as suas decisões e atitudes.

Como Fazer:

- Antes de qualquer tarefa ou decisão, pergunte: *"Isso glorifica a Deus?"*
- Seja proativa em buscar maneiras de crescer na fé.

Exemplo Prático:

Antes de reagir a uma situação difícil, ore pedindo sabedoria e controle emocional. Isso demonstra dependência de Deus e fortalece sua caminhada.

10. Confie no Tempo de Deus

Nem sempre os resultados serão imediatos, mas a confiança no tempo de Deus traz paz e esperança. Ele está no controle de tudo e sempre trabalha para o nosso bem.

Como Fazer:

- Entregue suas preocupações a Deus em oração.
- Lembre-se de que cada passo, por menor que pareça, faz parte do plano divino.

Exemplo Prático:

Quando as coisas não saírem como planejado, diga a si mesma: *"Eu confio que Deus tem o melhor para mim, no tempo certo"*. Isso renova sua fé e paciência.

Conclusão: a Transformação Começa Hoje

Incorporar essas ações práticas à sua rotina diária pode parecer simples, mas os resultados são transformadores. Ao focar em pequenas mudanças, você estará plantando sementes que crescerão e darão frutos ao longo do tempo. Deus honra sua dedicação e esforço, mesmo nas coisas mais simples.

Lembre-se de que a transformação começa com um passo de cada vez. Seja consistente e confie que Deus está trabalhando em sua vida, moldando-a para o propósito d'Ele.

Você não está sozinha nessa jornada — Deus está com você, guiando cada passo do caminho.

BÔNUS 2

MATERIAIS ADICIONAIS PARA APROFUNDAMENTO

Ferramentas para Enriquecer sua Jornada

A transformação espiritual é um processo contínuo, e ao longo do caminho há sempre mais a aprender, descobrir e aplicar. Assim como um atleta precisa de treinamento constante para melhorar suas habilidades, nós também precisamos de ferramentas que nos ajudem a aprofundar nossa fé e fortalecer nosso relacionamento com Deus.

Este capítulo reúne uma seleção de materiais e recursos práticos para complementar sua jornada. De livros a filmes, estudos bíblicos, podcasts e comunidades cristãs, essas sugestões irão inspirá-la, guiá-la e dar-lhe novas perspectivas para aplicar os ensinamentos de Deus em sua vida diária.

Livros Transformadores

Os livros têm o poder de mudar vidas, oferecendo sabedoria, conselhos práticos e histórias inspiradoras. Aqui estão alguns títulos que podem impactar sua caminhada com Deus:

Bíblia Sagrada

Eu gosto muito da NAA (Nova Almeida Atualizada), mas experimente várias versões para ver com qual se sente mais confortável.

Família conectada (Pr. Jeremias Pereira)

As famílias estão conectadas pela tecnologia, mas distantes no convívio. O livro do Pr. Jeremias ensina a equilibrar o mundo virtual e real, fortalecendo laços familiares com amor e sabedoria cristã.

Quando as coisas vão de mal a pior
(Pr. Jeremias Pereira)

O Pr. Jeremias, com simplicidade e sabedoria, escreve um livro marcado por um jeito mineiro e acolhedor. Uma leitura extremamente simples e gostosa. Para tempos de dificuldades em que tudo vai de mal a pior, esse livro é um bálsamo e alento para almas feridas.

Uma mulher segundo o coração de Deus
(Elizabeth George)

Um guia profundo para mulheres que desejam alinhar suas vidas com os valores cristãos. Elizabeth George compartilha lições práticas sobre como fortalecer seu relacionamento com Deus, priorizar sua família e viver com propósito.

O poder da mulher que ora (Stormie Omartian)

Um livro essencial para qualquer mulher que busca crescer na oração. Stormie mostra como a oração pode transformar relacionamentos, superar desafios e trazer paz interior.

Uma vida com propósitos (Rick Warren)

Este best-seller explora o significado da vida e como alinhar nossas escolhas com o plano de Deus. Rick Warren oferece uma abordagem prática para viver com mais foco e intenção.

Mulheres de propósito (Shannon Ethridge)

Este livro incentiva as mulheres a viverem intencionalmente, descobrindo seu propósito divino e impactando o mundo ao seu redor.

Filmes e Documentários Inspiradores

As histórias contadas em filmes e documentários podem nos inspirar de maneira poderosa. Aqui estão algumas opções que reforçam os valores cristãos:

Milagres do paraíso (2016)

Baseado em uma história real, o filme retrata a fé inabalável de uma mãe que luta pela cura de sua filha, mostrando a força da perseverança e do amor.

Desafiando gigantes (2006)

Uma história emocionante sobre fé e superação, onde um treinador de futebol aprende a confiar completamente em Deus para vencer seus maiores desafios.

O poder da graça (2016)

Este documentário explora como a graça de Deus pode transformar vidas, oferecendo testemunhos emocionantes e lições profundas sobre redenção e renovação.

Em busca de um milagre (1999)

Uma comovente história de como a fé pode trazer esperança e cura em meio às circunstâncias mais difíceis.

A força de uma mulher (2014)

Este filme celebra a força, a resiliência e a fé das mulheres em suas lutas diárias, inspirando-as a permanecer firmes em Cristo.

Recursos On-line e Estudos Bíblicos

Bible Gateway

Um site completo para estudos bíblicos, com acesso a diferentes traduções da Bíblia, devocionais e ferramentas de pesquisa.

Aplicativo YouVersion

Com planos de leitura bíblica e estudos específicos para mulheres, o aplicativo é uma excelente ferramenta para quem deseja aprofundar sua fé no ritmo do dia a dia.

CETRO — Centro de Treinamento da Oitava Igreja

Um programa completo de ensino teológico, baseado na teologia reformada, ideal para quem busca um conhecimento mais estruturado da Bíblia.

Práticas Diárias para Aprofundar sua Fé

Mesmo com tantos recursos disponíveis, lembre-se de que o mais importante é viver os ensinamentos de Deus diariamente. Aqui estão algumas práticas simples, mas transformadoras:

- **Reserve um tempo diário para oração e leitura bíblica.**
- **Pratique a gratidão.** Ao final do dia, escreva três coisas pelas quais você é grata.
- **Sirva aos outros.** Seja em pequenos gestos ou grandes ações, servir é uma forma de refletir o amor de Deus.
- **Mantenha-se em comunidade.** Encontre um grupo de apoio que encoraje sua caminhada com Deus.

Conclusão: um Convite ao Crescimento Contínuo

Sua jornada de fé não termina aqui. Na verdade, ela está apenas começando. Os materiais e recursos apresentados neste capítulo são ferramentas que podem ajudá-la a crescer, se fortalecer e viver plenamente o propósito que Deus tem para você. Use-os como guias para aprofundar sua compreensão e como inspiração para transformar não apenas sua vida, mas também a daqueles ao seu redor.

Deus tem grandes planos para você. Invista em sua fé e continue buscando crescer Nele, um dia de cada vez.

REFERÊNCIAS BIBLIOGRÁFICAS

Livros:

Uma mulher segundo o coração de Deus, de Elizabeth George.
Mulheres de propósito, de Shannon Ethridge.
Mulheres de fé, de Kathi Lipp.

Bíblia — A Base de Tudo

A Palavra de Deus foi o alicerce de todos os capítulos. Suas histórias, promessas e ensinamentos são como um farol que norteia a minha caminhada cristã. Usei a versão NAA (Nova Almeida Atualizada), na transcrição dos versículos aqui no livro.

A seguir, destaco algumas das passagens mais significativas que moldaram esta obra:

Provérbios 31:10-31 – O retrato da mulher virtuosa, exemplo de diligência, sabedoria e temor ao Senhor.

Efésios 5:22-33 – A dinâmica do casamento segundo o plano de Deus, refletindo a união entre Cristo e a Igreja.

Tito 2:3-5 – Orientações práticas sobre o papel da mulher na família e como ensinar, com sabedoria, as próximas gerações.

Gálatas 5:22-23 – Os frutos do Espírito, as virtudes que cada cristão deve cultivar para viver uma vida plena e significativa.

Inspirações Complementares

Além dos livros e passagens bíblicas, referências complementares enriqueceram o conteúdo, trazendo perspectivas valiosas para temas específicos. O poder da oração e sua influência na transformação de vidas *(Tiago 5:16 – "Muito pode, por sua eficácia, a súplica do justo.")*.

A importância do descanso espiritual e do equilíbrio na vida *(Salmos 23:2-3 – "Ele me faz repousar em pastos verdejantes. Leva-me para junto das águas de descanso; refrigera-me a alma. Guia-me pelas veredas da justiça por amor do seu nome")*. A certeza de que Deus está no controle, mesmo em meio às dificuldades *(Isaías 41:10 – "[...] não tema, porque eu estou com você; não fique com medo, porque eu sou o seu Deus. Eu lhe dou forças; sim, eu o ajudo; sim, eu o seguro com a mão direita da minha justiça")*.